ESTE LIVRO PERTENCE A:

CB082841

EXPEDIENTE

Fundador Italo Amadio *(in memoriam)*
Diretora Editorial Katia F. Amadio
Editor Eduardo Starke
Textos Raquel Almeida
Ilustrações Léo Fanelli
Projeto Gráfico Rui Stüpp
Revisão Patrícia Harumi

Dados Internacionais de Catalogação na Publicação (CIP)
Angélica Ilacqua CRB-8/7057

```
Almeida, Raquel
    Orações para meninas, orações para meninos / Raquel Almeida ;
ilustrações de Leonardo Fanelli. -- São Paulo : Rideel, 2022.
    (Coleção Orações)

ISBN 978-65-5738-648-4 (meninas)
ISBN 978-65-5738-647-7 (meninos)

1. Orações - Literatura infantojuvenil I. Título II. Fanelli,
Leonardo III. Série

22-2326                                              CDD 242.62
                                                     CDU 243
```

Índices para catálogo sistemático:

1. Orações - Literatura infantojuvenil

© Todos os direitos reservados à

EDITORA RIDEEL — **BICHO ESPERTO**

Av. Casa Verde, 455 – Casa Verde
CEP 02519-000 – São Paulo – SP
e-mail: sac@rideel.com.br
www.editorarideel.com.br

Proibida a reprodução total ou parcial desta obra, por qualquer meio ou processo, especialmente gráfico, fotográfico, fonográfico, videográfico, internet. Essas proibições aplicam-se também às características de editoração da obra. A violação dos direitos autorais é punível como crime (art. 184 e parágrafos, do Código Penal), com pena de prisão e multa, conjuntamente com busca e apreensão e indenizações diversas (artigos 102, 103, parágrafo único, 104, 105, 106 e 107, incisos I, II e III, da Lei nº 9.610, de 19-2-1998, Lei dos Direitos Autorais).

RAQUEL ALMEIDA

Orações para Meninos

ILUSTRAÇÕES:
LEONARDO FANELLI

BICHO ESPERTO

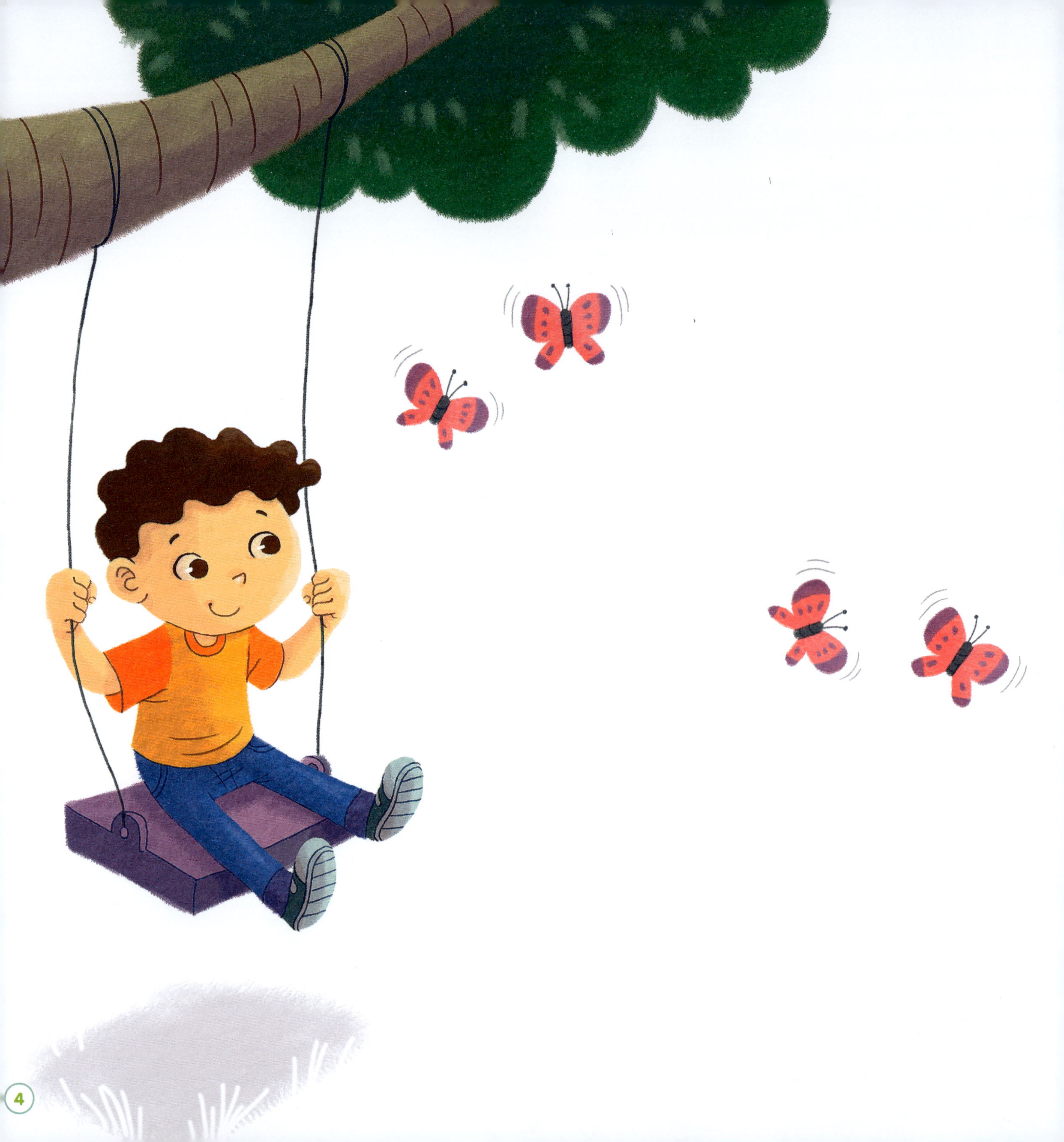

APRESENTAÇÃO

OLÁ, AMIGUINHO!

VOCÊ SABIA QUE ORAR É DIALOGAR COM DEUS?

ORAR É CONVERSAR COM UM PAI AMOROSO, O SEU MELHOR AMIGO. JESUS DISSE QUE A MELHOR MANEIRA DE ORAR É ESTANDO SOZINHO EM SEU QUARTO, SÓ VOCÊ E DEUS. ADQUIRA O HÁBITO DE PASSAR ESSE TEMPO PRECIOSO DE INTIMIDADE COM ELE. EU ORO PARA QUE VOCÊ TENHA ENCONTROS DIÁRIOS COM O SEU CRIADOR.

QUE VOCÊ TENHA PRAZER EM CONHECÊ-LO.

QUE VOCÊ VIVA A LINDA HISTÓRIA DE AMOR QUE DEUS ESCREVEU PARA VOCÊ VIVER. EU ORO EM NOME DE JESUS.

AMÉM.

RAQUEL ALMEIDA

"FILHO, FAÇA O QUE O SEU PAI DIZ E NUNCA ESQUEÇA O QUE A SUA MÃE ENSINOU."

(PROVÉRBIOS 6.20.)

FAMÍLIA

FAMÍLIA É LUGAR DE PROTEÇÃO, CARINHO, AMOR,
RESPEITO, CUIDADO E APRENDIZAGEM.
AH! MAS COMO OS PAIS AMAM SEUS FILHOS,
ALÉM DOS BEIJOS, ABRAÇOS E PRESENTES,
ELES TAMBÉM VÃO PRECISAR DISCIPLINÁ-LOS.
SEJA INTELIGENTE E ESPERTO!
OBEDEÇA E RESPEITE SEUS PAIS PARA
QUE VOCÊ VIVA LONGOS DIAS NA TERRA!

VAMOS ORAR?

QUERIDO DEUS, ALGUMAS CRIANÇAS NÃO TÊM PAPAI E MAMÃE, EU TE PEÇO PARA QUE O SENHOR DÊ UM LAR PARA ELAS. EU TAMBÉM ORO PARA QUE TODOS OS PAIS CUIDEM BEM DOS SEUS FILHOS, COM AMOR. SENHOR, MUITO OBRIGADO PELA MINHA FAMÍLIA. EU ORO EM NOME DE JESUS. AMÉM.

"ASSIM DEUS CRIOU OS SERES HUMANOS; ELE OS CRIOU PARECIDOS COM DEUS. ELE OS CRIOU HOMEM E MULHER."

(GÊNESIS 1.27)

IDENTIDADE

QUEM É VOCÊ? RESPONDA SEM DÚVIDAR: EU SOU FILHO DE DEUS. ELE ME FEZ PARECIDO COM ELE. DEUS ME CRIOU PARA UMA VIDA DE SUCESSO. EU NASCI PARA DAR CERTO, PORQUE EU SOU UM PROJETO DE DEUS. NA HORA DO BATISMO DE JESUS, DEUS DISSE: "ESTE É O MEU FILHO QUERIDO, QUE ME DÁ MUITA ALEGRIA!". ELE TAMBÉM DIZ ISSO SOBRE VOCÊ, SABIA? "VOCÊ É MEU FILHO QUERIDO, QUE ME DÁ MUITA ALEGRIA!"

VAMOS ORAR?

MEU DEUS E MEU PAI! OBRIGADO POR MINHA VIDA! VOU VIVÊ-LA COM AMOR, CUIDADO E MUITA GRATIDÃO. EU VOU ESTUDAR, OBEDECER AOS MEUS PAIS E PROFESSORES E VOU FAZER TUDO COM MUITA DEDICAÇÃO. EU ORO EM NOME DE JESUS. AMÉM.

"AQUELE QUE QUER APRENDER, GOSTA QUE LHE DIGAM QUANDO ESTÁ ERRADO; SÓ O TOLO NÃO GOSTA DE SER CORRIGIDO."

(PROVÉRBIOS 12.1)

CONHECIMENTO

APRENDER É BOM DEMAIS! MAS EXIGE ESFORÇO E MUITA DEDICAÇÃO. NADA DE PREGUIÇA! MENINO INTELIGENTE ACEITA AS CORREÇÕES DE SEUS PAIS E EDUCADORES COM HUMILDADE; É ASSIM QUE VOCÊ SE TORNARÁ SÁBIO. QUEM CHORA QUANDO ALGUÉM FALA QUE ALGO ESTÁ ERRADO SÃO OS BEBÊS, PORQUE ELES SÃO PEQUENINOS E AINDA TÊM MUITO PARA APRENDER! VIVER É UMA AVENTURA INCRÍVEL DE MUITO APRENDIZADO!

VAMOS ORAR?

OBRIGADO, MEU DEUS! EU QUERO SER UM FILHO DEDICADO E APRENDER TUDO O QUE O SENHOR TEM PARA ME ENSINAR. DÁ-ME UM CORAÇÃO HUMILDE PARA ACEITAR AS CORREÇÕES E, ASSIM ME TORNAR SÁBIO. EU ORO EM NOME DE JESUS. AMÉM.

"PORQUE, SE VOCÊS PERDOAREM AS PESSOAS QUE OFENDEREM VOCÊS, O PAI DE VOCÊS, QUE ESTÁ NO CÉU, TAMBÉM PERDOARÁ VOCÊS."

(MATEUS 6.14.)

PERDÃO

POR QUE, ÀS VEZES, É TÃO DIFÍCIL PERDOAR? A GENTE FICA MUITO TRISTE QUANDO ALGUÉM NOS OFENDE, DÁ VONTADE DE BRIGAR E XINGAR! MAS O NOSSO DESAFIO É SEGUIR O EXEMPLO DE JESUS. ELE FOI MALTRATADO, BATERAM E CUSPIRAM NELE, COLOCARAM UMA COROA DE ESPINHOS EM SUA CABEÇA... E O QUE JESUS FEZ? ELE PERDOOU. O PERDÃO TRAZ CURA, PAZ E ALÍVIO. CONFIE EM DEUS, ELE É A SUA JUSTIÇA.

VAMOS ORAR?

AMADO DEUS, FICO MUITO TRISTE QUANDO ALGUÉM ME OFENDE... PERDOE OS MEUS PECADOS (DIGA A DEUS QUAIS OS PECADOS QUE VOCÊ QUER QUE ELE TE PERDOE) E LIVRA-ME DE TODA INJUSTIÇA. EU FAÇO A ESCOLHA DE PERDOAR, ASSIM COMO JESUS ME PERDOOU. EU TE AMO, Ó SENHOR!

"TOMEM CUIDADO PARA QUE NINGUÉM PAGUE O MAL COM O MAL. PELO CONTRÁRIO, PROCUREM EM TODAS AS OCASIÕES FAZER O BEM UNS AOS OUTROS E TAMBÉM AOS QUE NÃO SÃO IRMÃOS NA FÉ."

(1 TESSALONICENSES 5.15.)

AMIZADE

VOCÊ SABIA QUE JESUS CAMINHOU NA TERRA FAZENDO O BEM? ELE ENSINAVA SOBRE O REINO DE DEUS, ALIMENTAVA QUEM TINHA FOME E CURAVA QUEM ESTAVA DOENTE. MESMO ASSIM, SEUS INIMIGOS O MALTRATARAM. MAS JESUS NÃO PAGOU O MAL COM O MAL. SABE O QUE ELE FEZ? JESUS PEDIU A DEUS PARA PERDOÁ-LOS. ESCOLHA BONS AMIGOS. SE ALGUÉM É MAL, NÃO SERVE PARA TER A SUA AMIZADE. UM BOM AMIGO SEMPRE VAI LEVAR VOCÊ PARA MAIS PERTO DE DEUS!

VAMOS ORAR?

AMADO DEUS, OBRIGADO POR CUMPRIR SUA PROMESSA ENVIANDO JESUS PARA ME SALVAR DOS MEUS PECADOS. EU QUERO QUE ELE SEJA O MEU MELHOR AMIGO, E QUERO SER UM BOM AMIGO TAMBÉM! EU ORO EM NOME DE JESUS. AMÉM.

"O SENHOR DEUS É A MINHA LUZ E A MINHA SALVAÇÃO; DE QUEM TEREI MEDO? O SENHOR ME LIVRA DE TODO PERIGO; NÃO FICAREI COM MEDO DE NINGUÉM."

(SALMO 27.1.)

MEDO

DO QUE VOCÊ TEM MEDO?
BARULHO, ESCURIDÃO, MONSTROS... EXISTEM COISAS QUE NOS ASSUSTAM, É VERDADE! SE O MEDO VIER, SE FIZEREM ALGUMA MALDADE COM VOCÊ, PEÇA AJUDA PARA ALGUÉM DE CONFIANÇA. NÃO GUARDE SEGREDOS, CONTE TUDO PARA OS SEUS PAIS. SAIBA QUE VOCÊ NUNCA ESTARÁ SOZINHO! DEUS ESTÁ DENTRO DO SEU CORAÇÃO, TE PROTEGENDO. SE FOR NECESSÁRIO, ELE ENVIARÁ ALGUÉM OU UM ANJO PARA TE SOCORRER. DEUS É PODEROSO, ACREDITE!

VAMOS ORAR?

PAI, A BÍBLIA DIZ QUE O SENHOR É O DEUS DOS EXÉRCITOS. O SENHOR É FORTE E PODEROSO! EU SEI QUE O MEU SOCORRO VEM DO SENHOR, NÃO PRECISO TER MEDO! EU ORO EM NOME DE JESUS. AMÉM.

"— EU SOU O PÃO DA VIDA. QUEM VEM A MIM NUNCA MAIS TERÁ FOME, E QUEM CRÊ EM MIM NUNCA MAIS TERÁ SEDE."

(JOÃO 6.35.)

ALIMENTO

HUMMM!
TEM COISA MELHOR DO QUE COMER UM PÃOZINHO QUANDO A GENTE ESTÁ COM FOME? JESUS SE COMPAROU AO PÃO PORQUE ELE É TÃO FUNDAMENTAL PARA A NOSSA ALMA, ASSIM COMO O PÃO É PARA MATAR A NOSSA FOME. JESUS É A ÁGUA QUE SACIA A NOSSA SEDE DE VIVER EM PAZ, AMOR, HARMONIA, GRATIDÃO, PROSPERIDADE E MUITO MAIS! SEM JESUS NÃO DÁ PARA SER FELIZ!

VAMOS ORAR?

OH, DEUS E PAI. HOJE EU ORO POR TODAS AS PESSOAS QUE NÃO TEM O QUE COMER. SENHOR, FAÇA UM MILAGRE! QUE OS PAIS CONSIGAM TRABALHO PARA SUSTENTAREM SUAS FAMÍLIAS. QUE O ALIMENTO CHEGUE NA CASA DE CADA PESSOA QUE ESTÁ COM FOME. EU ORO EM NOME DE JESUS. AMÉM.

"ALGUNS CONFIAM NOS SEUS CARROS DE GUERRA, E OUTROS, NOS SEUS CAVALOS, MAS NÓS CONFIAMOS NO PODER DO SENHOR, NOSSO DEUS."

(SALMO 20.7.)

SEGURANÇA

VOCÊ SABIA QUE DEUS É UM SUPER-HEROI QUE NÃO TEM PONTO FRACO? O SEU PODER É INFINITO, JAMAIS TERÁ FIM! ELE SABE DE TODAS AS COISAS, NINGUÉM CONSEGUE SE ESCONDER DELE. QUER ANDAR COM ALGUÉM QUE VAI TE PROTEGER E TE LIVRAR DE TODO PERIGO? ANDE COM DEUS. CONVIDE-O PARA MORAR EM SEU CORAÇÃO, CONFIE NELE E VOCÊ ESTARÁ SEMPRE SEGURO.

VAMOS ORAR?

QUERIDO DEUS, O SENHOR PROMETEU QUE SEMPRE VAI GUARDAR E PROTEGER OS SEUS FILHOS. É TÃO BOM CONFIAR EM TI! NUNCA ME DEIXE ESQUECER QUE O SENHOR É A MINHA PROTEÇÃO, A MINHA FORÇA, A MINHA SEGURANÇA. EU ORO EM NOME DE JESUS. AMÉM.

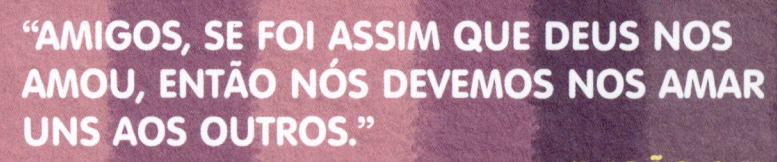

"AMIGOS, SE FOI ASSIM QUE DEUS NOS AMOU, ENTÃO NÓS DEVEMOS NOS AMAR UNS AOS OUTROS."

(1 JOÃO 4.11.)

COMPARTILHAR

VOCÊ SABE O QUE SIGNIFICA COMPARTILHAR?
É DIVIDIR ALGO COM ALGUÉM, É REPARTIR. CERTA VEZ, UMA MULTIDÃO DE PESSOAS PASSOU O DIA INTEIRO OUVINDO JESUS CONTAR HISTÓRIAS DO REINO DE DEUS. ELES ESTAVAM LONGE DE CASA. JESUS SABIA QUE ELES ESTAVAM COM FOME! COMO JESUS TEM MUITO AMOR PELAS PESSOAS, ELE FEZ UM MILAGRE E AS ALIMENTOU COM PÃES E PEIXES.
AME COMO JESUS! OBSERVE, PERTO DE VOCÊ PODE TER ALGUÉM PRECISANDO DA SUA AJUDA.

VAMOS ORAR?

QUERIDO DEUS, EU QUERO SER COMO JESUS! ENSINA-ME A AMAR COMO ELE AMA. SENHOR, EU TE DOU O MEU CORAÇÃO PARA TE SERVIR. EU ORO EM NOME DE JESUS. AMÉM.

"NÓS TE DAMOS GRAÇAS, Ó DEUS, NÓS DAMOS GRAÇAS. ANUNCIAMOS A TUA GRANDEZA E CONTAMOS AS COISAS MARAVILHOSAS QUE TENS FEITO."

(SALMO 75.1.)

GRATIDÃO

HOJE É DIA DE AGRADECER! VAMOS FAZER UMA LISTA BEM GRANDE DAS COISAS BOAS QUE TEMOS? VOCÊ PODE COMEÇAR ASSIM: OBRIGADO PELO SOL QUE ME AQUECE E QUE FAZ BROTAR AS SEMENTES. OBRIGADO PELAS CHUVAS QUE REGAM O SOLO E ENCHEM OS RIOS. OBRIGADO PELA MINHA FAMÍLIA, QUE ME AMA E ME PROTEGE... UAU! TEMOS TANTO PARA AGRADECER! OBRIGADO, SENHOR!

VAMOS ORAR?

QUANTAS MARAVILHAS O SENHOR FEZ! O SENHOR É BOM! OBRIGADO PELA MINHA FAMÍLIA, MEUS AMIGOS, MINHA ESCOLA... OBRIGADO POR TUDO, MEU DEUS! MEU CORAÇÃO ESTÁ CHEIO DE GRATIDÃO! ENTÃO, EU ORO AGRADECIDO, EM NOME DE JESUS. AMÉM.

"E DEUS VIU QUE TUDO O QUE HAVIA FEITO ERA MUITO BOM..."

(GÊNESIS 1.31A.)

NATUREZA E ANIMAIS

NO PRINCÍPIO, DEUS CRIOU OS CÉUS E A TERRA. ELE CRIOU OS ANIMAIS, GRANDES E PEQUENOS. CRIOU AS AVES E OS PEIXES. O SENHOR CRIOU ÁRVORES QUE DÃO FRUTAS GOSTOSAS. ELE CRIOU A RELVA, AS FLORES E AS BORBOLETAS COLORIDAS. MAS A MAIOR E A MELHOR DE TODA CRIAÇÃO DE DEUS FOI O HOMEM E A MULHER, PORQUE SÃO PARECIDOS COM ELE; ISSO O DEIXOU MUITO FELIZ! FOI DEUS QUEM CRIOU VOCÊ! ISSO NÃO É FANTÁSTICO?

VAMOS ORAR?

DEUS, EU ORO PARA QUE AS CRIANÇAS TENHAM UM ENCONTRO COM O SENHOR. QUE ELAS SAIBAM QUE FOI O SENHOR QUEM CRIOU TODAS AS COISAS. SENHOR, QUE EU POSSA COOPERAR NA CONSERVAÇÃO DA NATUREZA COM AMOR E ALEGRIA! AMÉM.

"NÓS QUE SOMOS FORTES NA FÉ DEVEMOS AJUDAR OS FRACOS A CARREGAREM AS SUAS CARGAS E NÃO DEVEMOS AGRADAR A NÓS MESMOS."

(ROMANOS 15.1.)

CARIDADE

VOCÊ GOSTA DE CARINHO E ATENÇÃO? SAIBA, AMIGUINHO, PARA RECEBER CARINHO, VOCÊ PRECISA DAR CARINHO. SE VOCÊ QUER ATENÇÃO, SEJA ATENCIOSO TAMBÉM! ALGUNS AMIGOS SÃO CARENTES E PRECISAM DA SUA AJUDA. TENHA PACIÊNCIA COM OS BEBÊS, ELES AINDA ESTÃO APRENDENDO. EMPRESTE O SEU BRINQUEDO PARA O SEU COLEGA. VOCÊ PODE DAR UM PEDAÇO DO SEU LANCHE PARA QUEM NÃO TEM? ISSO É CARIDADE, ISSO É AMOR! VAMOS PRATICAR?

VAMOS ORAR?

QUERIDO DEUS, EU QUERO OBEDECER A ESSE ENSINO. NÃO QUERO SER EGOÍSTA, EU QUERO SER BONDOSO, ATENCIOSO E PRESTATIVO. EU QUERO SER COMO O MEU MESTRE JESUS. EU ORO EM NOME DE JESUS. AMÉM.

"VENHAM A MIM, TODOS VOCÊS QUE ESTÃO CANSADOS DE CARREGAR AS SUAS PESADAS CARGAS, E EU LHES DAREI DESCANSO."
(MATEUS 11.28.)

HORA DO DESCANSO

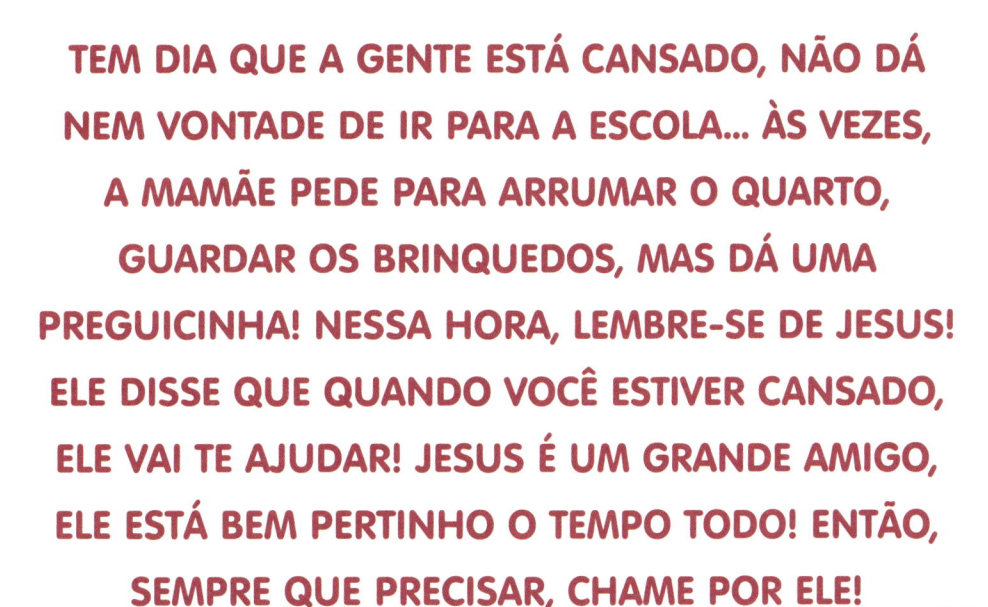

TEM DIA QUE A GENTE ESTÁ CANSADO, NÃO DÁ NEM VONTADE DE IR PARA A ESCOLA... ÀS VEZES, A MAMÃE PEDE PARA ARRUMAR O QUARTO, GUARDAR OS BRINQUEDOS, MAS DÁ UMA PREGUICINHA! NESSA HORA, LEMBRE-SE DE JESUS! ELE DISSE QUE QUANDO VOCÊ ESTIVER CANSADO, ELE VAI TE AJUDAR! JESUS É UM GRANDE AMIGO, ELE ESTÁ BEM PERTINHO O TEMPO TODO! ENTÃO, SEMPRE QUE PRECISAR, CHAME POR ELE!

VAMOS ORAR?

PAI AMADO, ÀS VEZES EU FICO CANSADO COM MINHAS TAREFAS DIÁRIAS. MAS, EU NÃO QUERO SER PREGUIÇOSO, PERDOE-ME! EU SEI QUE O SENHOR É BOM E GOSTA DE AJUDAR, POR ISSO, QUANDO EU ESTIVER CANSADO, VOU PEDIR SUA AJUDA. EU ORO EM NOME DE JESUS. AMÉM.

LABIRINTO

JESUS AFIRMOU SER O "PÃO DA VIDA", QUE VEIO PARA DAR VIDA AOS HOMENS. ISSO SIGNIFICA QUE ELE É PARA A ALMA O QUE O PÃO É PARA O CORPO: SEU ALIMENTO.

SIGA O CAMINHO ATÉ JESUS.

EU SOU O PÃO DA VIDA.
(JOÃO 6:48)

ENCONTRE OS 3 ERROS

TUDO QUE DEUS FEZ É PERFEITO, E ISSO É FATO!
SEJAM AS COISAS VISÍVEIS OU AS INVISÍVEIS.

RESPOSTAS: ARBUSTO • ORELHAS • RABO

DIAGRAMA

COMPLETE OS QUADROS ABAIXO COM AS PALAVRAS EM DESTAQUE.

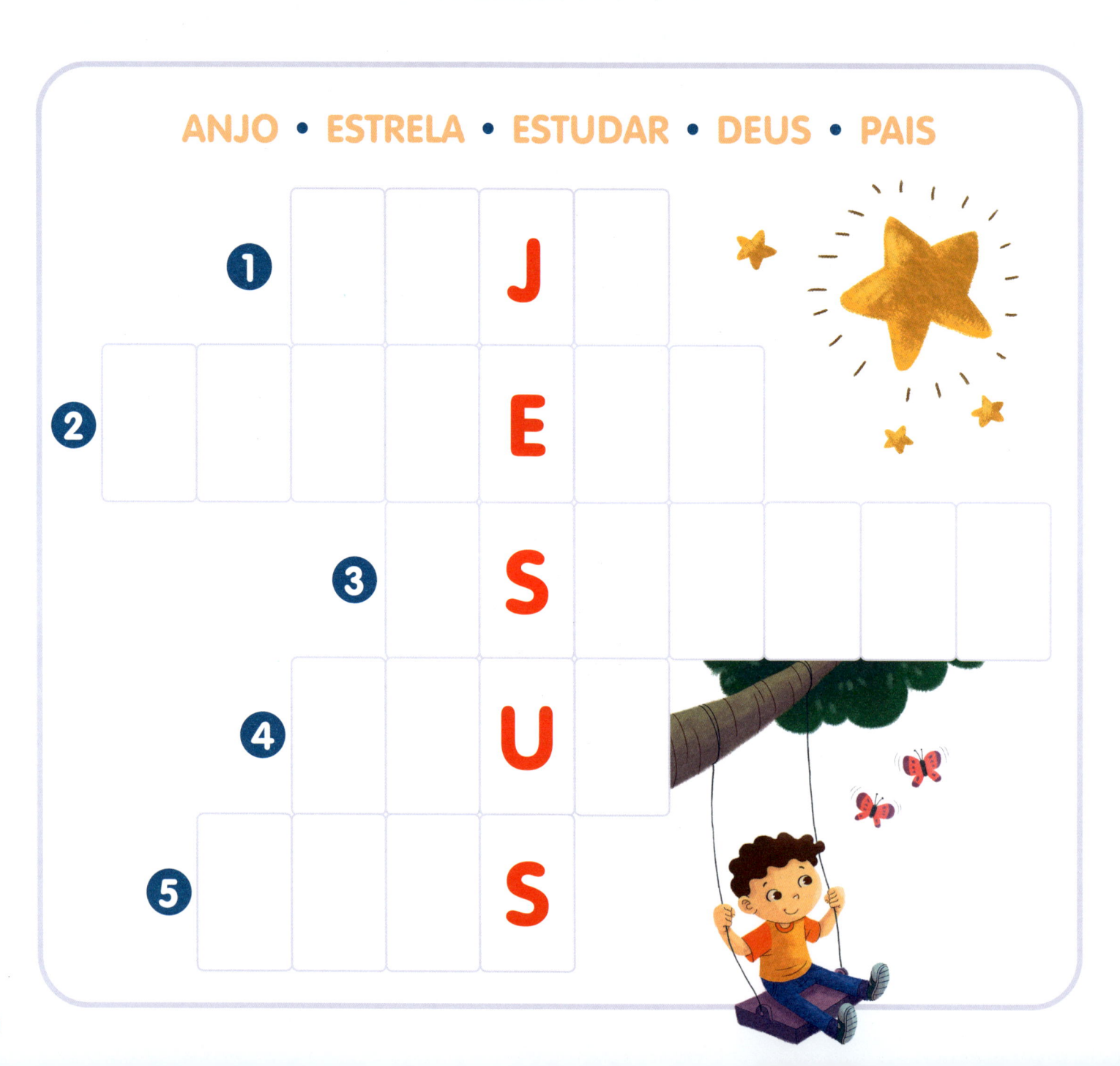

ANJO • ESTRELA • ESTUDAR • DEUS • PAIS

1. _ _ _ J _
2. _ _ _ E
3. _ _ S _ _ _ _
4. _ _ U _
5. _ _ _ S

VAMOS COLORIR

DEUS CRIOU TUDO BELO E COLORIDO!
PINTE O DESENHO ABAIXO COM SUAS CORES PREFERIDAS.

36